Martin Gutl

Der tanzende Hiob

Martin Gutl

Der tanzende Hiob

Verlag Styria

Die Deutsche Bibliothek – CIP-Einheitsaufnahme
Gutl, Martin:
Der tanzende Hiob / Martin Gutl. – Neuausg. –
Graz ; Wien ; Köln : Verl. Styria, 1992
ISBN 3-222-12127-3

Neuausgabe 1992

Printed in Austria
Umschlaggestaltung: H. Paar, Graz
Gesamtherstellung:
Druck- und Verlagshaus Styria, Graz
ISBN 3-222-12127-3

Inhalt

GEBETE

DANKBAR GEWORDEN

TANZENDE HIOBS

Vorwort

Die letzten Jahre brachten mir zahllose Begegnungen mit Außenseitern und Abgesicherten, mit Glücklichen und Unglücklichen. Die Texte dieses Buches stehen in engem Zusammenhang mit der täglichen Praxis, mit meinen Meditationen und mit meiner Selbsterfahrung.
Ich verstehe meine Texte als Gebete. Wer diese Gebete nachvollziehen will, braucht viel Stille. Ich bitte, die Texte nicht nacheinander zu lesen. Die eigene Erfahrung des Lesers soll angesprochen werden. Die Texte sind eine Resonanz des Glaubens, der die Erde mit den Menschen liebt, das Chaos und das Leiden zur Kenntnis nimmt und die Auferstehung hier und jetzt durch die Sinne spürt.

Martin Gutl

Tagesporträt

Warum?

Kain hat den Abel millionenmal erschlagen,
und ich hoffe, daß Kain sich ändert.
Judas verrät Jesus tausendmal,
und ich hoffe auf die Bekehrung des Judas.

Warum bete ich,
wo ich zugeben muß,
wie sehr es auf mich ankommt?
Warum lache ich,
wo viele nichts zu lachen haben?
Warum sag ich nach der zehnten Enttäuschung:
Es hat einen Sinn!
Warum sich nicht anpassen,
wo das Heulen mit den Wölfen zur
Selbsterhaltung gehört?
Warum nicht Böses mit Bösem vergelten,
wo die Güte ausgenützt wird?
Warum vertrau ich auf Gott,
wo ich Ihn nicht sehe?
Warum glaub ich an die Auferstehung der Toten,
wo ich vor den Gräbern der Toten stehe?
Warum?

In die Richtung

Nicht um den Schöpfer zu entlasten,
nicht um die Tragik zu entschärfen,
nicht um voreiligen Trost zu spenden,
nicht um das Empfinden abzuschwächen,
nicht um schnelle Schlüsse zu ziehen,
nicht um die Suche zu beenden.

Um einen Atemzug lang
für die »beata nox«, die »beata culpa«,
für den heilbringenden Schmerz zu danken.
Um das Auge für die Nacht zu schulen,
um das Gehör für die Stille zu schärfen,
um den Tanz auf dem Seil zu üben,
um »Gott sei Dank« zu sagen,
wo ich vor Jahren fluchte,
wagte ich das Bild vom »tanzenden Hiob«
zu malen.

Tagesporträt

Kurze Nächte, lange Träume,
bunte Bilder.
Jeder Tag ein Weltall für sich.

Täglich die Menschen.
Die Blicke, die Stimmen.
Tausendfache Passion.
Zuhören. Herankommen lassen.

Die tägliche Welt. Brot und Wein. Leib und Blut.
Die tägliche Messe.
An die Wandlung glauben am Morgen, zu Mittag,
am Abend.

In der Nacht sich von Gesichtern
und Händen
zurückziehen können,
sich von den Ereignissen des Tages ablösen,
sich aus vielen Orten und Herzen zurückholen,
um im Frieden zu schlafen,
um Ihm für die Nacht Welt und Menschen
zu lassen.

Für einen Augenblick lang

In einer Kirche stehen.
Für einen Augenblick lang
eins sein
mit den Steinen des Bodens,
mit den Mauern, mit den Fenstern,
mit den Bögen, den spitzen und runden,
mit Himmel und Erde,
mit gestern und heute,
mit Leib und mit Seele,
mit mir und den andern,
mit Freunden und Feinden,
mit Gott in mir,
mit Gott außer mir.
Für einen Augenblick lang
nichts als sein.
Ewig sein.
Mensch sein.

Bis jetzt

> Den Schlaf der Nacht verkürzen
> und die Stunden des Tages auskaufen
> und sich selbst nicht schonen
> und dann begreifen, all das ist
> Scherz – ja das ist Ernst.
> *(Östlicher Mönch)*

Geboren
mitten im Krieg.
Viel Angst und wenig Brot.

In der Schulzeit
einem guten Menschen,
einem Priester begegnet.
Wunsch, ein solcher Mensch zu werden.

Seminar. Matura. Seminar:
Zwischen Büchern und Menschen zu wählen.
Im Dilemma geblieben.
Fraglos Priester geworden,
nicht ohne Fragen geblieben.

Kaplan in einer Pfarrei,
Studentenseelsorger,
Telefonseelsorger,
Dreiklang des Dienstes bis jetzt.

Den Menschen gefolgt.
Hängengeblieben.
Schmerzvolle Lösung.
Tod und Auferstehung.

Um jeden Preis helfen wollen.
Den anderen Leiden erspart.
Dadurch ihr Wachsen verhindert.
Verbissener Einsatz.
Die Richtung verloren.

Bekehrung durch Gräser.
Das Grübeln verlernt.
Wunder erlebt.
Durch Erfahrung gläubig geworden.
Trotz meiner Freiheit geführt.

Die Mauern abgetragen,
den Blick ins All geweitet.
Den Humor verbreitet.

Zu beten,
zu schauen,
zu tanzen begonnen.

Für wen ich schreibe

Im Namen der leider Namenlosen,
in Sorge um die Ungeliebten,
zur Erinnerung für die allzu Vergeßlichen,
in Trauer über die ach so Vergnügten.
In Zweifel über die unentwegt Starken,
im Mißtrauen gegen die beamteten Tröster.
In Dankbarkeit
für die unverbitterten Alten,
in Freude über die singenden Blinden,
sag ich tagaus, tagein mein »Trotzdem«
und denke an den »tanzenden Hiob«.

Im Hören

Im Hören

Wer Ohren hat –
wir haben Ohren –,
der höre!
Wer Türen hat –
wir haben Türen –,
der öffne!

Es lauscht in uns der leibgewordne Geist,
es kniet in unserer tiefsten Kammer
schon längst ein Mensch.
Kaum zugelassen,
kaum beachtet,
liegt in uns ein Ton,
die Orgel wird uns an ihn erinnern.
Ein Ton greift aus,
wo nichts zu greifen ist,
und zieht herein die Fülle.
Sind es Töne, sind es Gebete?

Es müht sich nutzlos ab der Kopf.
Es wartet unser Glaube,
bis er die Schleusen öffnen darf,
Geheime Offenbarung einzulassen.

Die Wartezeit

Das Werden des Tropfsteins:
Tropfen um Tropfen,
Kalkhaut um Kalkhaut,
wachsendes Röhrchen,
einen Millimeter im Jahr.

Der Tropfstein kennt keine Hektik.
Er hat keine Angst
vor dem vorzeitigen Ende.

So baut sich die Säule
von unten nach oben,
von oben nach unten,
bis zu vierzig Meter und
mehr.
Nicht mehr als ein Tropfen,
der unentwegt,
unverdrossen,
unverbittert
tropft.

Menschen

Sie bauen hohe Räume,
Tempel, Kirchen:
Hinaufzuschauen,
hinaufzurufen,
von unten nach oben
zu fragen, aus der Tiefe
aufzusteigen;
über sich hinauszugreifen
mit Händen, die sie falten.
Ihre Kirchen zeigen:
Der Mensch
lebt nicht vom Brot allein.
Sie bringen ihre
Sicht, ihre Welt
in die Farben, in die Bilder ein.
Sie geben ihrer Sehnsucht
Namen.
Sie decken ihre Blöße auf
und hüllen sie mit Bittgebeten ein.
Sie werden beten,
bis die Mauern fallen
beim Trompetenstoß
des Engels,
der allen zuruft:
»Es ist erfüllt.
Die Kirchen haben
ihren Dienst getan.
Die Zeit der Verhüllung
ist vorbei.
Jetzt ist Er
von Angesicht
zu Angesicht
zu schauen.«

Appelle eines Erzengels

Lernt von den Fischen des Meeres
den Rhythmus gläubigen Lebens!
Lernt von den Schmetterlingen Gottesverehrung!
Sie bleiben nicht auf Zäunen und Mauern.
Sie öffnen die Flügel und leben im Fluge.
Sie klatschen mit ihren Flügeln Gott Beifall.
Sie planen nicht Feste.
Sie feiern im Fluge.
Sie fliegen im Feiern.

Horcht auf den feinen Gesang
in Blumen und Menschen!
Laßt euch durch nichts
vom Tanzschritt abbringen.

Zeigt eurem Gott mit Händen und Füßen,
wie schön es ist,
auf der Erde zu sein,
mit Leib und Seele ein Mensch
nach Seinem Bilde zu werden.
Ehrt euren Gott
durch einen fröhlichen Blick,
durch Gesang und Humor!
Er ist Gott. Das genügt
für das Spiel.
Er hat das Spiel mit der Schöpfung begonnen.

Den Apfel vom Baum des Paradieses zu reißen,
statt sich beschenken zu lassen,
führt zum Ende des Spieles,
in die Tragik eigener Sturheit und Gier.

Fragt nicht sooft nach dem Sinn des Spieles!
Spielt mit wie Kinder,
und ihr werdet den Tod überspielen!

Auch in der Großstadt

Einzelne, viele,
nebeneinander,
aneinander vorbei.
Nur Räder und Füße und Farben der Ampeln.
Ich suche unter Millionen den Menschen.

Ich suche sein Lächeln.
Ich fand es
bei den Schwestern in einem Spital
und bei spielenden Kindern
im Park.

Veni, Creator Spiritus

Da sitzt mir einer gegenüber.
Das blanke Nichts.
Kein eigener Gedanke,
keine Strahlung,
kein Lächeln, kein Kontakt,
nur Maske, nur Fassade.
Ein kühles, kahles Nichts!

Komm, Schöpfergeist!

Bei Deiner Schöpferkraft
schaff diesen Menschen neu:
Farbe kommt in seine Gesten,
Musik erklingt in seiner Stimme.
Eros kommt in sein Gemüt.
Komm, Schöpfergeist,
gib ihm von Deinem Geist,
daß der Tote wieder tanzen kann!

Farbe an Farbe

Kinder malten ihren Gott.
Sie sparten mit den Farben nicht.
Eine riesige Sonne
im Wurzelgeflecht eines Baumes.
Eine helle Gestalt,
ein junger Gott,
ganz ohne Bart,
mit Augen so groß
wie die Rosetten von Chartres.
Mehrere Schichten von Farbe
auf ein und demselben Blatt.

Die Kinder hüpften
und tanzten um ihre Bilder herum.
Sie verwischten die Bilder,
um neue zu malen.

Ihre Bilder gefielen
den Gottesgelehrten nicht sehr;
sie fügten nicht Farbe an Farbe,
sondern Sätze an Sätze,
und verstrickten sich
im Netz ihrer eigenen Worte.
Sie wurden ihrer Lehre nicht froh.

So lernt von den Kindern,
ihr Großen und Weisen,
im Spiele Bilder zu malen
und sich wieder von den Bildern zu lösen!

Vertraut euch den Kräften der Schöpfung an.
Doch bleibt nirgends kleben!
Laßt euch vom Besitzen erlösen,
und Gott wird in euch zu tanzen beginnen.

Die Stille

Alles Große
kommt aus der Stille.
Große
suchten Stille.
In der Wüste
wurden sie geformt.
Moses, Jesus, Paulus.

Mönche sammelten
in Klöstern
die Stille ein.
Ihre Handschrift,
ihr Choral, ihre Arbeit
dauert.

In der Stille wächst ein Mensch
im Mutterleib heran.
In der Stille finden
Menschen zueinander.
In der Stille zieht
das unendliche Geheimnis,
das tiefste Du,
den Menschen an.
In der Stille der Nacht
rang Jakob mit Gott.

Im Dom

Gotik, Barock:
Zwei Zeiten, zwei Stile, ein Mensch.
Tänze in Holz und Stein.
Gold, seltsam weit weg
von den Erfahrungen heute.
Gold als Erinnerung,
Gold als zukünftige Heimat.
Kalter Steinboden,
einfach und fest,
hier und jetzt.
Der da betet, spürt:
Es umgibt ihn *Einer* wie
die Mauern des Domes.

Vertrauen ist wie …

wie ein Hinabsteigen
in einen tiefen Brunnen,
wie ein Mond, der aus einer Wolke hervorkommt,
wie ein Schiff auf dem weiten Ozean,
wie der Blick auf das Kreuz,
wie eine offengelassene Tür,
wie das Abseilen eines Bergsteigers,
wie der Torbogen einer gotischen Kirche,
wie ein gutes Gewissen vor dem Einschlafen,
wie ein fester Händedruck,
wie ein Mantel, der den Frierenden wärmt,
wie die Stille am Sonntagmorgen,
wie das Sternenzelt für die Karawane,
wie das Spielen eines Kindes,
wie der Tanz eines indischen Mädchens,
wie die Umarmung der Liebenden,
wie das Lied eines fröhlichen Alten,
wie der ruhige Schein einer Kerze,
wie das Heranreifen eines Kindes im Mutterleib.

Gnade ist …

aus dem Nest geworfen werden
und im Fallen noch die liebende Hand spüren,
von einer Bewußtseinsstufe
in die andere gestoßen werden,
durch Erleuchtung ein Wissender werden.

Meditation

Zeit der Stille,
Zeit des Füllens,
Zeit des Horchens,
Zeit der tiefen Blicke
und des ruhenden Kosmos,
Zeit der großen Lobpreisung,
Zeit der Ekstase,
volle Zeit,
Zeit der geheimen Klänge,
Zeit der vorweggenommenen Ernten
und der hereinleuchtenden Ewigkeit.

Hinter den Horizonten

Auf weiter Ebene
nichts als Äckermeer.

Zigeunermusik
und farbenfrohe Kleider.
Blicke und Leiber,
ein einziger Tanz.

Draußen steigt
eine Lerche
Hunderte Meter
senkrecht hinauf,
um gelassen
und gesammelt
in die Tiefe zu fallen.

Schöpfung aus dem Nichts

Du hast mir meine Klage verwandelt
in einen Reigen.
(Aus Psalm 30)

Aus der verkrusteten Erde,
aus den verwitterten Gesichtern,
aus den ausgeleerten Kirchen
drängt die Fülle an uns heran.
Kommt Offenbarung um Offenbarung.

Ketten fallen,
Türen springen auf,
Mauern stürzen,
Weite vor uns, nichts als Weite.

An den Hautlinien der Dinge
und Menschen,
an den abgeschlossenen Verträgen,
an den vollzogenen Riten,
an den Ergebnissen der Forschung
leuchten die nächsten Horizonte auf.

Lautloses Staunen
vor, in und hinter unseren Zeiten.

Glasperlenspiel

Kurz vor seinem Tod,
durch Begegnung erwacht,
riß der Vorhang zwischen Himmel und Erde.
Er begann mit der Reise
in den Menschen hinein.
Er kehrte nicht mehr zurück.

Er fand die größte Schatzkammer
des Weltalls,
den Menschen.
Er wunderte sich sehr,
daß er viele Jahrzehnte
traurig vor dem Eingang des Himmels
gestanden war,
ohne die Türen zu öffnen.

Ein Mensch weckte in ihm
den verborgenen Dichter,
Sänger und Beter.
Er wurde frei von Gewohnheit und Angst.
Er fand Freude am göttlichen Glasperlenspiel.

Jesus am Kreuz

Katakombenbild

Er geht durch Türen, Mauern,
der Auferweckte.
Gelöst von aller Erdenschwere,
von Geschichte und Gewalten
führt Er als erster Reigentänzer
die Schar der Auferweckten an.

Seht, welch ein Gott!

Hoch oben hängt Er –
und unter Ihm: die Pharisäer
und die Schriftgelehrten.
Sie wußten,
wie es kommen mußte.
Sie waren sich
der Sache sicher:
Gott verläßt sie nicht.
Auch diesmal nicht.
Nur der da droben
wird bald schreien:
»Mein Gott, mein Gott,
warum hast du
mich verlassen,
Du!«

Seit diesem Schrei
des Gottessohnes
ist das »Warum« zum Gebet geworden.
Seitdem hat der Schrei »Warum«
seinen Platz in Gott gefunden.

Am See Tiberias

Der tote Jesus
hat sie ernüchtert.
Jähes Ende
eines Glaubens.
Wem sollten
sie ihr Vertrauen
schenken?

Der Gute stirbt
am Kreuz.
Was zählen Wunder,
wenn der Gerechte
ungerecht verurteilt wird
und sterben muß?

»Werft eure Netze
nochmals aus!«
Das Wort
des Unbekannten
am See Tiberias
an die Enttäuschten.

Der drüber stand

Er allein wußte am Karfreitag:
Der vor Jerusalems Mauern hängt,
Jesus, sein geliebter Sohn,
hängt nicht ewig dort,
liegt nicht länger
als drei Tage in dem Grab.
Er allein wußte am Karfreitag,
warum Er Jesus verlassen mußte,
warum Er sein Gebet am Ölberg
nicht erhören konnte.
Er allein wußte am Karfreitag:
Er wird Jesus auferwecken.

Petrus und Judas

Schuldig sind sie beide geworden.
Der eine verleugnet,
der andere verrät.
Wer will die Schuld bemessen?
Der eine weint und findet sich wieder.
Der andere verzweifelt und erhängt
sich selbst.
Der eine stirbt als Papst,
der andere als Verräter.
Zwei Menschen, zwei Apostel, zwei Erwählte.
Der gleiche Gott für Judas und für Petrus.
Wer kann mich daran hindern,
auch für Judas noch zu hoffen!

Grenzerfahrung

Erst als Er nicht vom Kreuze stieg,
erst als Er starb,
hilflos und allein,
da wußten seine Jünger:
Sein Reich ist nicht von dieser Welt.

Wär Er nicht am Kreuz gestorben,
hätte Er sich durchgesetzt,
wären seine Jünger nie erwacht.
So sahen sie mit Schrecken:
Mit Jesus wird man nicht mächtig –
im Sinne dieser Welt.
Mit Jesus muß man
auf die
Auferstehung warten
vor und nach dem Tod.

Anders, als sie wollten

Bei den Wundern,
da drängten sie sich um Ihn,
als Er dem blinden Bartimäus
das Augenlicht gab,
da lobten sie Gott,
als Er dem Gelähmten das Aufstehen befahl,
da verstummten sie,
als Er den Lazarus vom Tode erweckte,
da standen sie dicht neben Ihm:
seine Jünger – seine Kirche.

Als Er aber vom Leiden sprach,
nahm Ihn Petrus beiseite und sagte:
»Nicht leiden, mein Herr,
sondern mit dem Schwerte kämpfen
und siegen!«

Er aber ging nach Jerusalem,
um zu leiden und zu sterben,
Er ließ sich in die Hände seines Vaters fallen –
verlor und siegte in einem.

Die Stunde des Lammes

Um die zwölfte Stunde des Tages
schrie Er laut auf
und gab seinen Geist auf.
Er, das Lamm.
Da bebte die Erde,
die Sonne verfinsterte sich.
Der Vorhang des Tempels riß mitten entzwei.

Der Kosmos konnte nicht schweigen.
Das Lamm muß sterben,
die Wölfe bleiben am Leben.

Die Pharisäer waren Wunder gewohnt.
Sie bekehrten sich nicht.
Nur ein Heide bekennt am Rande des Kreuzes:
»Der war Gottessohn!«

Es kommt die Stunde,
wo das Lamm das Buch öffnen wird
und seine sieben Siegel.
Da wird jedes Knie vor dem sich beugen,
den sie auf Erden in den Geringsten der
Menschen
gehaßt, beleidigt, verurteilt und getreten haben.
Es kommt die Stunde des Lammes,
wo es sichtbar sein wird,
daß nicht der Wolf, sondern das Lamm
in der Geschichte gesiegt hat.

Jesus am Kreuz

Allein mit einer Verheißung. Am Kreuz.
Wer glaubt ihm das wirklich:
»Selig die Armen!«
wo den Reichen nichts abgeht?
»Selig die Barmherzigen!«
wo die Rücksichtslosen siegen?
»Selig die Verfolgten!«
wo die Diktatoren triumphieren?

Die einen würfeln um den Rock.
Die andern machen sich
noch lustig über seine Worte, seine Wunder,
und was macht Er?
Er ruft nicht nach Rache –
Er verzeiht.
»Sie wissen nicht,
was sie tun.«
Er verzeiht,
wo Er allen Grund
zum Verdammen hätte!

Da hat die Auferstehung
schon begonnen.

Pfingsten

Sie sammelten die Reste
ihrer Freundschaft ein.
Es reichte nicht aus,
unterm Kreuz bei Ihm zu sein.
Sie saßen weitab
mit angstvollen Augen,
während Er starb.
Ernüchtert bis zum Ekel,
enttäuscht bis in die Wurzel
des Herzens hinein,
Wesen zwischen Welt und Unterwelt,
Jünger, Apostel, Erwählte,
Sehende, die doch nichts sahen,
Hörende, die doch nichts hörten,
Glaubende, die doch nichts glaubten,
unerweckt, unerleuchtet,
Opfer der Angst,
Erben eines Gekreuzigten.
Bis der Geist kam
und ihre Bilder von Jesus verbrannte
und ihre Träume von Macht
verwehte.

Da erhob sich der schmerzscheue Petrus
und begann lebensgefährlich zu reden
wie Isaias und Jeremias zuvor,
und kein Kreuz konnte ihn hindern daran,
allen Menschen zu sagen:
Der Gekreuzigte lebt!

Maranatha

Der uralte Abraham hat einen Sohn bekommen.
Der verstoßene Josef wird König.
In der Wüste regnet es Manna.
Elias fährt mit feurigem Wagen
zum Himmel hinauf.
Die Tochter des Jairus steht auf.
Der Gelähmte nimmt sein Bett
und tanzt davon.
Hiob sieht die eine und die andere Seite
der Geschichte.
Er zählt die Toten der Sintflut.
Er weint mit den Gelähmten,
die nicht geheilt werden konnten.
Er steht an den Gräbern der Toten,
die nicht auferweckt wurden.
Er zieht mit den Millionen Juden
durch die Gettos Europas,
in die Krematorien von Auschwitz und Dachau.
Dort erstickt sein Halleluja im Angstschrei
der vielen.

Über alle Tragödien hinweg
zeigt der Engel von Chartres
die zerbrochene Uhr.
Noch ticken die Uhren.
Noch sind die Geburtswehen zu spüren.
Der Mensch und die Welt
werden erst geboren.

Maranatha!
Komm, Herr Jesus!
Es ist Zeit,
den Auferstehungstanz zu beginnen.

Gebete

In Seiner Nähe

Fürchte dich nicht,
denn ich bin bei dir,
Josef in der Zisterne,
Moses im Roten Meer,
Daniel in der Löwengrube,
Jeremias im Block,
Jesus am Kreuz.
Fürchte dich nicht,
verfolgter Jude,
gefolterter Häftling,
benachteiligter Schwarzer!
Fürchte dich nicht,
wer du auch immer bist,
denn ich bin bei dir.
Ich bin der Herr, dein Gott,
der dich aus Ägypten herausgeführt hat.

Mit meinem Gott

> Mit meinem Gott
> spring ich über die Mauern.
> *(Aus Psalm 18)*

Mit meinem Gott durchstoß ich die Wände
zwischen den Menschen
und baue ich Brücken zwischen den Feinden.
Mit meinem Gott kämpf ich allein
gegen eine geschlossene Front
und siege als David gegen Goliath.
Mit meinem Gott trag ich das Kreuz
trotz tausendmal Fallen auf Golgotha.
Mit meinem Gott schau ich dem Tod
ohne Haß ins Gesicht
und lache und tanze.
Denn der Tod hat seine Tragik verloren.
Er ist nicht mehr das Letzte.
Das Letzte ist Er,
mein Gott, mit seinen unendlichen Räumen.
So bring ich mit meinem Gott
eine Welt der Töne und Farben,
der Worte und Gesten
der Sonnen und Monde,
der Blumen und Menschen
in Schwingung,
bis alles sich dreht um den einen,
der ist, der da war und der kommt.
Halleluja, Halleluja!

Zur Gottesfrage

Ob er Gott kenne,
fragte er ihn.
Er zeigte ihm als einzige Antwort
seine Adressenkartei
und sagte: »Die kenn ich ein wenig!«

Ob er Gott liebe,
wollte er wissen.
Er ging mit ihm ins Gefängnis
und besuchte zwei,
die niemand besuchte.

Ob es Gott gäbe,
bohrte er weiter.
Da fragte er ihn: »Gibt es denn dich?
Dich als Menschen
mit offenen Augen und Ohren.
mit starker Empfindung?«

Die Frage ist nicht,
ob es Ihn gibt oder nicht.
Die Frage ist,
ob es uns gibt,
offen oder verschlossen.

Gebet

Vater der Schmetterlinge,
Vater der Gazellen,
Vater der Menschen,
Vater der Milchstraßen,
gib uns einen gelassenen Schritt,
ein gelassenes Auge,
gelassene Hände
und einen gelassenen Geist.

Konsonanz in der Dissonanz

Gott der Musiker,
Gott der Dichter,
Gott der Sänger,
Gott der Tänzer,
Gott der Clowns,
Gott der spielenden Kinder,
Gott der Ikonenmaler,
Gott der Dombaumeister,
laß den Gesang nicht sterben
im Krankenhaus und im Asyl!
Du, Quelle der schönen Künste,
Du, Anfang der Dichtung,
Du, Urklang der Lieder,
Du, Gleichmaß der Dome,
Du hast den geteilten Klang der Dinge
und Menschen erschaffen,
laß im Abgrund den Gesang nicht verstummen!

Du!

Wo niemand noch hinkam,
wartest Du immer schon.
Was niemand wahrnahm,
sahst Du immer schon.

Du trägst,
wo Besitz und Freiheit
zerbrechen.
Du hast ein Wort in der Stille,
wo die Weisen verstummen.
Du neigst Dich dem noch zu,
von dem alles sich abkehrt.
Du!

Du allein genügst
für ein volles Du
bei Tag und Nacht,
in Schwermut und Freude,
in und außer der Kirche.
Du stilles Gegenüber!
Du!

Wir können Tag für Tag
Hoffnung und Enttäuschung
vor Dir aufschichten.
Du bist nicht überfordert.
Du brichst nicht zusammen
durch bittere Stunden,
durch allzuviel Geben.
Seit Jahrmillionen
bist Du angesprochen,
angeschrien, angefleht, angeweint,
seit Millionen Jahren
bist Du das stille Gegenüber,
das Du, das *wirkt*,
ohne gesehen zu werden.

In einer Hand

Beim Anblick meiner Hand
denk ich an Dein Wort:
»Ich habe deinen Namen
in meine Hand geschrieben!«

In Deiner Hand liegt alles.
Vier Milliarden Menschen.
In einer Hand.
Milliarden von Milchstraßen,
von Planeten und Sonnen.

Wohin wir auch irren,
wohin wir auch laufen,
wir Söhne und Töchter der Erde
glückliche – unglückliche Hiobs alle zusammen,
wir stürzen in Deine offenen Hände.

Keine Zeit für das Beten

Nur nach der Nützlichkeit fragen,
keine Zeit für die Begegnung haben.
Das Fühlen, Staunen, Lieben
als Zeitverlust abtun.

Von einem Geschwätz zum anderen hasten.
Von einem Lärm in den anderen flüchten.
Von einer Leere in die andere fallen.

Die Bibel im Winkel liegen lassen,
die Kirchen als Museen betrachten,
nur in der größten Not zum Kreuze kriechen,
den Schrei nach Gott verdrängen.

Nur die Masken putzen,
keine persönlichen Gespräche führen,
statt Brot Steine reichen,
nichts mehr zu sagen haben.

Sich selbst nicht prüfen,
zu keiner Reue kommen,
keinen neuen Anfang setzen,
als Mensch verkümmern,
nicht zu sich, zum Freund,
zu Gott vorstoßen.

Zeit für das Beten

Zeiten im Tag aufsparen,
Zonen der Stille um
Gespräche und Handlungen legen.

Den inneren Lärm der Wünsche
und die laute Außenwelt abklingen lassen.
Hinunterhorchen bis in die untersten
Schichten des eigenen Seins.
Sich der Stille anvertrauen,
dem Mann, der Frau, den Kindern,
den Freunden,
den Feinden lange in die Augen schauen,
sich ins Schweigen einüben,
sich in die Bibel einführen lassen,
Bilder und Gleichnisse
aufleben lassen,
die Zeichen der Natur
andächtig betrachten,
die Zeremonien des Alltags pflegen,
persönliche und ehrliche Gespräche führen,
sich selbst, die Welt und Gott annehmen lernen,
sich selbst und seine Schatten sehen,
sich Gott und den Menschen mit
dem Herzen zuwenden.
In Kirchen
eine geheime
Welt erahnen.
Angesprochen werden,
sich dem Anspruch stellen,
sich treffen lassen
und betroffen leben.

Vater unser

Vater unser
in Klöstern und Kirchen,
im Café, im Kerker,
in den Folterkammern,
in den Salons,
in den Büros,
in den Schulen,
in den Gerichtssälen,
in den guten und schlechten Lokalen,
auf den Fußballplätzen,
auf der Autobahn, im Flugzeug,
bei Friedenskonferenzen
und bei Bombenangriffen.
Vater unser!

Wie Samson

Du läßt Deine Sonne aufgehen
über Milliarden von Menschen.
Du läßt Deine Sonne aufgehen
über Gerechte und Ungerechte,
Barmherzige und Unbarmherzige,
Gescheite und Dumme,
über Friedhöfe und Spielkasinos,
über Bordelle und Klöster,
über Baracken und Villenviertel.
Menschen kommen zur Welt,
Menschen gehen aus der Welt.
Täglich beginnt das Ringen um Glück,
das seltsame Spiel,
wo keiner seine Rolle kennt.

Ich frage an manchen Tagen: »Wozu? Warum?«
Bis Du mir durch Zeichen
und Menschen sagst:
»Du!«
Und ich stehe mit der Kraft
Deiner Anrede auf und hebe wie Samson
die Tore von Gaza aus
und trage sie bis zum Gottesberg Horeb.

Möwenschreie

Mit Tschaikowskisinfonien im Ohr,
mit tausend Augen und Händen im Herzen,
mit den Träumen vom Flug durch das All,
mit den Wunden nach der Begegnung,
mit dem Frieden nach der Vergebung,
mit den Biographien der Propheten,
mit dem Zittern vor dem abgründigen Du,
mit dem Wissen des ahnenden Menschen
geh ich Dir nach,
Du lichte Wolke,
Du wandernde Feuersäule in der Wüste,
bis zum Berg Sinai,
um Dich zu schauen.
Fünf Vaterunser lang.

Nach dem Gebet

Nach dem Gebet
das Weltall mit einem Finger aufheben,
spielend leicht,
wie Jesus als Kind
auf barocken Altären
die Weltkugel hält.

Beten heißt:
sich von den Engeln
die Flügel ausborgen.

Abendgebet

Den bewußten Tag ablegen,
wie man ein Kleid abstreift.

Den Tag übergeben können
und ohne Anspruch auf den nächsten warten
wie ein Bettler auf das Brot.

Das Beben seines Geistes
in der Stille
verebben lassen,
von Seinem Antlitz
sich richten lassen,
in Seinen Augen Gnade finden.

Aus Hoffnung schlafen können.
An die Kraft der Keime
im Acker glauben,
die in unsichtbaren Tiefen
die Ernte vorbereiten.

Dankbar geworden

Heilende Sicht

Betrachte die Vergangenheit
etwas länger und genauer!
In den Ruinen wächst das grüne Gras,
wurzeln kleine Bäume.
Und die singenden Vögel
kreisen über die zerfallenen Mauern.

Das Ganze sehen

Das Wachs verbrennt.
Das ist die halbe
Wahrheit.
Die Kerze leuchtet
schön und hell.
Das gehört zur
Gänze einer Wahrheit.

Wird die Muschel
nicht verletzt,
kommt die
Perle nicht
heraus.

Es gibt der
Mann sich her.
Es gibt die Frau
ihm Raum.
So wird ein
neuer Mensch
gezeugt.
Vom Geben
kommt der
Mensch,
nicht vom Behalten.

Als Freund,
nicht als Feind geschaffen

Wer hätte ohne die Nacht
auf einen Tag gewartet!
Wer hätte ohne Ketten
auf einen Befreier gehofft!
Wer hätte sich ohne Exil
auf eine Heimkehr gefreut!
Wer hätte sich ohne Zeit
nach der Ewigkeit gesehnt!
Wer hätte ohne Erde
an den Himmel gedacht!

Die Schöpfung begann mit der
alles umfassenden Finsternis.
Er sprach: »Es werde Licht!«

Tag und Nacht,
beide sind von dem einen Herrn
erschaffen worden.
In beiden ist Seine Größe zu spüren.

Der ewige Tag ohne Nacht,
der schmerzfreie Alltag,
das schuldlose Dasein
würde uns das Menschsein kosten.

Er führt uns heim

(Frei nach Psalm 126)

Wenn Gott uns heimführt
aus den Tagen der Wanderschaft,
uns heimbringt
aus der Dämmerung
in Sein beglückendes Licht,
das wird ein Fest sein!
Da wird unser Staunen
von neuem beginnen.
Wir werden Lieder singen,
Lieder, die Welt und Geschichte umfassen.
Wir werden singen, tanzen
und fröhlich sein:
denn Er führt uns heim:
aus dem Hasten in den Frieden,
aus der Armut in die Fülle.

Wenn Gott uns heimbringt
aus den engen Räumen,
das wird ein Fest sein!
Und die Zweifler
werden bekennen:
Wahrhaftig, ihr Gott tut Wunder!
Er macht die Nacht zum hellen Tag;
Er läßt die Wüste blühen!
Wenn Gott uns heimbringt
aus den schlaflosen Nächten,
aus dem fruchtlosen Reden,
aus den verlorenen Stunden,
aus der Jagd nach dem Geld,
aus der Angst vor dem Tod,
aus Kampf und aus Gier,
wenn Gott uns heimbringt,
das wird ein Fest sein!
Dann wird er lösen
die Finger der Faust,

die Fesseln, mit denen wir uns
der Freiheit beraubten.
Den Raum unseres Lebens wird Er weiten
in allen Höhen und Tiefen,
in allen Längen und Breiten
Seines unermeßlichen Hauses.
Keine Grenze zieht Er uns mehr.
Wer liebt, wird ewig lieben!

Wenn Gott uns heimbringt,
das wird ein Fest sein.
Wir werden einander umarmen
und zärtlich sein.
Es werden lachen
nach langen Jahren der Armut,
die Hunger gelitten.
Es werden singen
nach langen unfreien Nächten
die von Mächten Gequälten.
Es werden tanzen die Gerechten,
die auf Erden kämpften und litten
für eine bessere Welt!

Wenn Gott uns heimführt,
das wird ein Fest sein!
Den Verirrten werden die
Binden von den Augen genommen.
Sie werden sehen.
Die Suchenden finden endlich ihr Du.
Niemand quält sich mehr
mit der Frage »Warum«.

Es werden verstummen,
die Gott Vorwürfe machten.
Wir werden schauen,
ohne je an ein Ende zu kommen.

Wenn Gott uns heimführt,
das wird ein Fest sein!

Der Mensch sät in Betrübnis,
er leidet und reift!
Es bleibt sein Ende
ein Anfang!
Wer sät in Betrübnis,
wird ernten in Freude.
Denn Gott, unser Gott,
ist ein Gott der ewigen Schöpfung,
ein Gott,
der mit uns die neue Erde,
den neuen Himmel gestaltet.
Er läßt uns kommen und gehen,
läßt uns sterben und auferstehen.

Der Sand unserer irdischen Mühsal
wird leuchten.
Die Steine,
die wir zusammentrugen
zum Bau unserer Welt,
sie werden wie Kristalle glänzen.
Wir werden uns freuen
wie Schnitter beim Ernten.
Wenn Gott uns heimbringt
aus den Tagen der Wanderschaft,
das wird ein Fest sein!
Ein Fest ohne Ende!

Hinter den Horizonten

Hinter den Horizonten
spielten die Engel
auf den Harfen des Salomo.

Die Propheten tanzten
und die Heiligen sangen
das Lied vom tanzenden Hiob,
der Himmel und Erde
in sein Herz einschloß
und nicht anders konnte,
als fortwährend tanzen,
bis seine kleine Form in Stücke brach,
bis er als Ton, endgültig frei,
in unendliche Räume
fortschwingen konnte.

Der Engel von Reims

Auf der Westfassade der Kirche von Reims
steht ein seltsamer Engel.
Ein Engel aus Stein.
Die rechte Hand hat er verloren.
Die Finger der anderen Hand zerfallen allmählich.
Ein Flügel fehlt ihm schon.
Das Gesicht ist vernarbt.
Ein sterbender Engel.
Er aber lächelt
in die Zukunft hinein.

Legende

Eines Tages
hatten die Heiligen
in der Kirche das Stehen satt.
Petrus stieg vom Kreuz herab,
Barbara sprang um den Turm herum,
Katharina schob das Rad vor sich her,
Sebastian spielte mit den Pfeilen Mikado.
Märtyrer führten
einen Schwerttanz vor,
und die Engel, die sonst
krampfhaft die Trompeten hielten,
klatschten Beifall.
Es löste sich der Kalk von der Mauer,
die Fenster sprangen auf,
und die große Rosette begann
zu kreisen.
Nur die Dämonen spielten nicht mit
und hielten todernst ihre Stellung.

Wenn Er einst wiederkommt

Wenn die Uhren ihre Zeiger verlieren
und anhebt die ewige Zeit,
wenn die Stummen singen
und die Gelähmten springen,
wenn die Blinden an dem Licht
sich nicht sattsehen können
und die Friedlosen
ihre Heimat finden,
wenn die Tyrannen große Augen machen
und die Scheinheiligen nach
Werken der Liebe gefragt werden,
wenn die Ungerechten ihre Opfer
um ihre Fürsprache betteln,
wenn die Letzten die Ersten sein werden,
dann laß mich auch dabei sein!

Kein Grund zum Grübeln

> Der Weltlauf ist ein spielendes Kind,
> das hin und her die Brettsteine setzt,
> ist ein Königreich des Kindes!
> *(Heraklit, Fragment 52)*

Denken und träumen,
planen und spielen,
arbeiten und beten,
singen und tanzen,
sich mühen, sich lösen,
die Stirne nicht falten,
im Weinen noch lächeln.
Denn der Einsatz
für das Spiel ist gedeckt.
Der Verlierer von gestern ist der
Gewinner von morgen,
und der dreifach geschlagene Hiob
wird siebenfach gesegnet werden.

Dazwischen

Zwischen den Zeilen,
zwischen den Worten,
zwischen den Zeichen,
zwischen den Gebeten,
zwischen den Tänzen,
zwischen den Tränen,
zwischen den Glückwünschen,
zwischen den Flüchen,
zwischen den Kranken,
zwischen den Verbrechern,
zwischen den Flüchtlingen,
zwischen den Außenseitern,
zwischen den Unterdrückten,
zwischen den Gedemütigten,
zwischen den Geehrten,

ein Aufflackern,
ein Aufleuchten,
ein Aufblicken,

Auferstehung
mitten im Leben.

Auferstehung

Wir werden vor Türen stehen,
die sich von innen öffnen.

Die daran glauben,
haben einen festen Schritt.
Sie teilen mitten unter Geizigen.
Sie danken mitten unter Undankbaren.
Sie hungern mitten unter Satten.
Sie gehen mit einfachem Licht
durch siebenfache Finsternis.
Sie leben wie die Lilien auf dem Feld
und wie die Vögel des Himmels.
Sie tanzen durch die Reihen der ewig Ernsten.

Das tränenlose Land

Undeutbare Reste der Geschichte
mögen unsern Glauben schwer belasten.
Geschichte wendet sich von selbst
in Heilsgeschichte.

Nach manchem Kampf des David
mit dem Goliath
sammeln sich am Strande unserer Welterfahrung
Bilder neuen Heils.

Sie leuchten wie Ikonen.
Mit ihren starken Farben
grenzen sie ans tränenlose Land,
wo der Glaube sich erübrigt –
es genügt zu schauen –
und die Hoffnung ausruht
von der langen Spannung.
Noch heißt das Land:
Geheime Offenbarung.

Die Offenbarung

Hinter seinem gütigen Blick
lag unendlich viel Trauer.
Er beherrschte sich sehr.
Sein Aussehen täuschte.
Er war nicht aus der Fassung
zu bringen.
Seine Augen und Ohren
waren nach innen gewandt.
Er hörte die Vögel nicht singen.
Er sah die Bäume im Wald nicht mehr.
Er konnte nicht beten.
Bis eine Hand ihn berührte,
die ihn mit Liebe
aus dem Verlies
des eigenen Selbst
in die Weite des Kosmos führte.
Er entdeckte auf einmal
Vögel und Birken,
Menschen und Tiere als
Quellen der Freude.
Seit jener Stunde
sah er Gott in Menschengestalt
und war sich gewiß:
Er wird nie mehr
allein sein.

Natürliche Mystik

Täglich entspringen neue Hoffnungsquellen
mitten in unserer Welt.
Den natürlichen Trost auskosten,
wandern, schwimmen,
mit Menschen sich zusammensetzen,
singen, musizieren, feiern,
sich entspannen, schlafen.
Das Vorhandene lieben.
Die Welt tiefer erforschen.
Denn das Geheimnis liegt im Eiskristall,
in einer Hand,
im Stück Brot,
oder nirgends!

Morgenlob

Auf einem weiten Feld,
am Morgen,
in einem Tal stehen
und nichts sein als ein Schwamm.
Düfte, Farben,
Vogellaute, Käferzirpen,
Wasserglucksen, Silbertropfen
in mich hineinsaugen,
bis ich wie eine Libelle tanze
und das Tedeum singe,
so laut
wie das Volk im Mittelalter
nach der überstandenen Cholera.

Tanzende Hiobs

Gottesbeweis

Mitten unter chronisch Kranken,
mitten unter Geisteskranken,
mitten unter Elendsgestalten
sah ich einen Engel.
Sein Gesicht zeigte die Spuren
mancher Kreuzigung und Auferstehung.
Er tat den Dienst eines Menschen
unter den Ärmsten der Menschen.
Seine Augen,
sein Lächeln und
seine Stimme
gaben mir die Gewißheit:
Sein Gott macht es möglich,
auf Wellen zu gehen und
Wasser in Wein zu verwandeln.

Fast nicht zu glauben

Vier Jahre wußte sie:
Unheilbar krank.
Noch nicht dreißig, als sie starb.
In dieser Zeit, so bezeugt ihr Gatte,
hat sie nie »warum« gefragt.
Sie sang schön und gern.
Sie reiste viel und liebte bunte Kleider.

Lange nach ihrem Tod sah ich sie
und ihren Mann im Traum
hinter einer hellen Glaswand tanzen.

Auf ihrem hellen weißen Stein im Friedhof
sind zwei Gesichter eingemeißelt.
Das eine schaut nach oben, das andere nach
unten.
Die Hände sind nach oben und nach unten
zum Empfangen ausgebreitet.

Ein Denkmal für eine Unverzagte

Betrachte immer die helle Seite der Dinge!
Und wenn sie keine haben?
Dann reibe die dunkle, bis sie glänzt!
(Altes Sprichwort)

Sie hatte keine Bücher.
Sie konnte nicht reisen.
Tagaus, tagein Arbeit
im Haushalt.
Arbeit im Freien.
Erinnerungen:
Karge Kindheit.
Harte Jugend.
Kranke Schwester,
lange allein,
späte Heirat.
Bitterer Kampf ums tägliche Brot,
ein schwieriger Mann,
Neigung zur Trunksucht,
viele Kinder,
keine sorglosen Tage,
keinen Urlaub im Süden.
Sie hatte wirklich nichts
als fröhliche Lieder.
Sie segnete viel
und fluchte nie.
Sie starb ohne Geld.
Sie hinterließ als einziges Erbe
ihr Vertrauen auf Gott.

Die Indios von Mexiko

Sie feiern und nehmen
Meskalin.
Sie öffnen die Poren ihrer Seele.
Sie möchten in den Abgrund schauen.

Ausgelassen und traurig zugleich.
Sie blicken auf die eisbedeckten Vulkane,
die ihr Land bedrohen.
Sie beschwören sie.
Sie beten.
Sie feiern.
Für sie gibt es kein Leben ohne Opfer
und kein Opfer ohne Feier.

Die Ikonenmaler

Sie beteten lange in der Stille.
Sie gaben sich selber preis,
um schauen zu können,
was ihre Sinne überstieg.
Sie fasteten,
bevor sie ihre Bilder malten.
Sie wurden geweiht,
ihren Dienst zu tun.
Sie mischten die Farben des Goldes
mit den Farben der Trauer.
Sie malten und verloren sich selbst,
um das Jenseits der Farben zum Leuchten
zu bringen.

Die gläubigen Juden

In ihren hilflosen Gesten,
in ihrer verstummten Sprache,
in ihren zu Ende gegangenen Träumen,
auf ihrem Weg ins Exil,
auf ihrem Weg von einem Getto ins andere,
auf ihrem Weg ins KZ
sammelte sich die Kraft ihrer Väter
von Abraham, Isaak und Jakob,
ihren Vätern des Glaubens.

Längst vor den Toren Jerichos,
längst vor den Grenzen Kanaans,
noch mitten in der Wüste,
begann Kanaan,
das Gelobte Land,
sich in ihren Herzen auszudehnen
als Auszug aus gestern,
als Einzug ins Morgen.

Einer lächelte nur

Er blieb bei den Kleinen.
Er blieb bei den Schwachen.
Er blieb bei den Armen.
Er blieb bei den Menschen.

Als man ihn fragte,
wie er das alles ertrage,
da lächelte er.
Als man ihm sagte,
er solle an sich denken,
da lächelte er.
Als man ihm vorwarf,
das alles habe doch keinen Sinn,
da lächelte er.
Als man ihn fragte,
ob er denn an Gott glaube,
da lächelte er
über die Frage hinweg.

Tanzende Hiobs

Mozart,
Beethoven
und ihre Musik.
Dostojewski,
Hölderlin
und ihre Dichtung.
Van Gogh
und seine Farben.
Jesus
und seine Verheißung.

Der verarmte Mozart,
der taube Beethoven,
der epileptische Dostojewski,
der wahnsinnige Hölderlin,
der erfolglose van Gogh,
der gekreuzigte Jesus.

Mozart,
Beethoven
und ihre Musik.
Dostojewski,
Hölderlin
und ihre Dichtung.
Van Gogh
und seine Farben.
Jesus
seine Verheißung.

Mensch geworden

Wer lange genug warten kann,
erlebt immer ein gutes Ende.
(Leo Tolstoi)

In den hellen Räumen der Reichen,
in den dunklen Löchern der Armen,
in Auflehnung,
und Ergebung,
tausendfach bestätigt,
und ebensooft gedemütigt,
zum Vorbild gemacht,
zur Karikatur geworden.
Von Menschen umgeben,
zwischen Engeln und Dämonen stehend.
Zeit gehabt,
ein Mensch zu werden.
Zu staunen,
weh zu tun und zu heilen,
schuldig zu werden,
zu lachen, zu trauern,
zu umarmen,
allein zu sein.
Viele Wege gewandert,
in manchem Tempel gesessen,
fremden Göttern nachgelaufen,
Jesus Christus gefunden,
um das Kreuz nicht herumgekommen.
Auferstehung erfahren.
Alles ist Gnade,
alles ist Führung,
seit es Ihn gibt,
den Schöpfer der Oasen und Wüsten.

Das Kreuzzeichen

Ein blinder Mann.
Er hilft den Außenseitern.
Er ermuntert,
er vermittelt,
er versucht
trotz der Enttäuschung,
den Menschen
einen Halt zu bieten.
Von seinem Leid
spricht er selten.
Von Zeit zu Zeit
tastet er in seinem Zimmer
nach dem Kreuz.
Er muß die beiden
Balken spüren.
Mit dem Kreuz in der Hand
versteht er seine Welt.
Dann öffnet er die Tür,
den nächsten Armen
zu empfangen.

Berufen zum Grenzüberschritt

Seit den Tagen des Abraham
erschreckt ein gestaltloses Du
den Seßhaften
und drängt ihn hinaus
über die bekannten,
gewohnten,
genormten,
geehrten
und allseits
beliebten Grenzen
des menschlichen
Denkens und Fühlens,
bis er mit eigenen Augen sieht:
Das Vertrauen des Moses genügt,
um Wasser
aus dem Felsen zu schlagen.

Die Kuren Gottes

Zwei gehen aufeinander zu

> Nur wer nichts liebte,
> war dem Schmerz enthoben,
> doch wer nicht liebte,
> war tot!
> *(Ernst Wiechert)*

Zwei Menschen finden sich
aus vier Milliarden.
Er und sie,
Abgrund neben Abgrund,
zwei Menschen.
Sie werden erst.
Sie sind nie ganz.
Sie zeigen Mut.
Sie sagen ja.
Das schließt das Credo ein.
Sie begrenzen sich mit ihrem Ja
und hoffen, durch Begrenzen
in die Tiefe vorzustoßen.

Sie werden an kein Ende kommen.
Denn sie *werden* erst.
Bis sie ganz sind,
braucht
es eine
Ewigkeit.

Aus der Sehnsucht

Aus der Sehnsucht der Raupe,
als Schmetterling
ihre Flügel ausbreiten zu dürfen,
aus der Sehnsucht
des Vogels im Käfig,
im Urwald von Ast zu Ast
zu hüpfen,
aus der Sehnsucht der Eisdecke,
als Welle tanzen zu dürfen,
aus der Sehnsucht der erloschenen Sterne,
noch einmal leuchten zu dürfen,
aus der Sehnsucht des Blinden,
sehen zu können,
aus der Sehnsucht
der Verfolgten,
Frieden zu finden,
aus Sehnsucht,
nur aus Sehnsucht,
ist das Weltall aufgebaut.

Bekehrung

> Ihr fragt, wie ist die Auferstehung der Toten?
> Ich weiß es nicht!
> Ich weiß nur, wozu er uns ruft,
> zur Auferstehung heute und jetzt!
> *(Kurt Marti)*

Er mimte Mut,
wo nur Verzagtheit war.
Er litt am Geltungsdrang
und quälte sich mit Leistungszwang,
bis er lernte
loszulassen
Ismen um Ismen,
Dogmen um Dogmen,
Titel um Titel,
Besitz um Besitz,
Menschen um Menschen,
bis nichts mehr da war.

Jetzt erst war die Stunde der
Schöpfung gekommen.
Aus Nichts wurden Himmel und Erde erschaffen.

So begann er, von neuem zu sehen,
zu hören, zu fühlen,
und erlebte beim Anblick eines taunassen Grases
und seiner Kristalle
Ekstase und Fülle!

Kein Himmel vor der Zeit

Erfüllung schafft Hunger,
Himmel kann zur Hölle werden.
Für Lust und Leid geschaffen,
für das Geben und Nehmen.

Kaum steh ich im Raum,
schau ich durchs Fenster.
Töne klingen an.
Der volle Klang ist im Kommen.
Alles Schöne ist Keim,
alle Liebe ist Knospe.

Das zweite Leben

Sie lebten zu zweit, Mann und Frau,
zwischen Morgen und Abend.
Aßen, tranken,
taten ihre Arbeit,
geizten und kauften.
Alles hatte sein gewohntes Maß.
Man hatte sich sein
Leben bis zur Pension
vorausberechnet.

Bis sie eines Tages
auf Menschen stießen,
die auf Wellen tanzten,
durch die Mauern gingen,
Berge versetzten
und Tote erweckten.

Da gingen ihnen die Augen auf,
und sie erkannten, was ihnen fehlte.
Sie begannen zu hören, zu beten, zu singen.
Sie spürten den Antrieb des Geistes.
Er gebot ihnen
zu springen,
die Schwerkraft
zu brechen,
aus der Reihe
von Ursache
und Wirkung
zu tanzen.

Die fruchtbaren Wunden

Wer gelitten hat,
wird verstehen können.
Wer verwundet war,
wird heilen können.
Wer geführt ist,
wird weisen können.

Wer getragen ist,
wird tragen können.

Aufdringliche Grenzfragen

> Unruhig ist unser Herz,
> bis es Ruhe findet in Dir,
> o Gott!
> *(Hl. Augustinus)*

»Frau und Kinder hab ich!
Warum genügt mir ihre Liebe nicht?
Meine Existenz scheint gesicherter als je zuvor!
Warum find ich trotzdem keinen Frieden?
Ein gemütliches Heim hab ich mir eingerichtet –
warum fühl ich mich nie ganz zu Hause?
Ich habe einen großen Bekanntenkreis
aufgebaut!
Warum versteht mich keiner ganz?
Mein Leben hab ich bewältigt!
Warum bleibt die Erfüllung aus?
In die Kirche geh ich!
Warum spür ich die Erlösung nicht?«

Zweifache Verheißung

Der Herr ist mein Hirt,
nichts kann mir fehlen.
(Aus Psalm 22)

Du wirst mir nichts ersparen,
nicht den Weg durch die Wüste,
nicht den Kampf mit dem Goliath,
nicht den Platz auf dem Aschenhaufen des Hiob,
nicht den Sitz unter dem Ginsterstrauch,
nicht das babylonische Exil –
Der Herr ist mein Hirt,
Er wird mich ins Grab bringen
und wieder heraus –
Der Herr ist mein Hirt,
nichts wird mir mangeln,
nicht die Geborgenheit in der Arche Noas,
nicht das Wohnen im Zelte des Herrn.
Der Herr ist mein Hirt,
nichts wird mir fehlen.
Alles darf mir genommen werden
außer dem Vertrauen zu Ihm.

Die Kuren Gottes

Den Stolzen,
den Sicheren und
Abgestumpften
taucht Er
unter
in Ängste, Einsamkeit
und Leiden.
Bis die Masken
vom Gesichte fallen
und sein Wesen
durchsichtig wird.
Bis er auftaucht
von der Unterwelt.
Bis ihm die
Seele nachwächst.
Bis er ein
Mensch geworden.

Ich höre beides

Konkret

Mitten im Gefängnis
an die Auferstehung
denken müssen.
Seltsame Begegnung:
der eine in Freiheit
mit schöner, sonniger Kindheit,
mit vielen Freunden
und großer Zukunft –
der andere: lichtlose Jugend,
eingesperrt auf zehn Jahre,
keine Freunde,
verbaute Zukunft,
diesseits und jenseits einer
Trennwand aus Glas.

Der eine und der andere: Mensch.
Sein Gesicht,
die grauen Zonen um das Kinn
und die schwarzen Ringe um die Augen,
die schmale Gestalt,
trägt die Last von gestern und vorgestern
und büßt die Sünden derer,
die ihn nicht liebten.

Nach der Begegnung:
ein anderer Mensch.
Seine Schultern sind aufgerichtet,
einige Falten sind verschwunden.
Ein Mensch kümmert sich um ihn.
Anfang einer langen Hoffnung.

Zwischen Frage und Antwort

In schwarzer Nacht,
auf schwarzem Stein,
eine schwarze Ameise.
Gott sieht sie.
(Arabisches Sprichwort)

Ein Mensch gewesen,
keine Fragen gehabt,
zur Arbeit gegangen,
im Wirtshaus gesessen,
Zeitung gelesen,
keine Fragen gehabt.

War nicht gewohnt,
gefragt zu werden,
bei der Geburt nicht,
bei der Berufswahl nicht,
bei der Heirat nicht.

Blieb sein
Lebtag arm.
Kindheit
ohne Wärme,
Ehe ohne Liebe,
Alter ohne Frieden.
Wurde nicht gefragt,
stellte keine Fragen.

Nur unlängst im Spital,
nach wochenlangem Leiden,
begann er zu fragen:
Warum gerade er –
und nicht die andern?
Ob am Leben
nichts daran sei
als Arbeit, Schmerz
und Leiden.

Hiob hier und jetzt.
Und das Echo seiner Klagen
im Herzen eines Menschen.

Vor dem Nichts

Wir stehen vor Gräbern.
Menschen sind uns vorausgegangen.
Wohin?
Wir nennen
die Namen der Toten mit Ehrfurcht
vor ihrer Geschichte.
Wir leiden vor Gräbern.
Ein leerer Platz an unserer Seite
läßt sich nicht füllen.
In der Liebe ist keiner ersetzbar.

Wir fragen vor Gräbern:
Warum so früh?
Warum überhaupt Tod?
Wie schön wäre die Welt ohne den Tod!
Himmel und Hölle,
alles schon jetzt oder nachher?

Wir schweigen, wir hoffen,
wir beten.

Spätestens

Spätestens am Grabe kommt die Frage:
Das Kreuz Jesu auf seine Schulter nehmen
oder mit Sisyphos die Steine wälzen.
Spätestens am Grab zerbricht das Geschwätz
von Sicherheit und Macht.
Das Grab läßt
keine Täuschung zu.
Es bietet keine Stütze für den Trost.
Am Horizont des Grabes
kann sich nur der Glaube halten.

Ohne Begriffe

Wer den Tag,
den kantigen, blitzenden Tag
beschreiben möchte,
wird viele Steinchen,
aber kein Mosaik erkennen.
Nur in Bildern, Träumen,
in Liedern und Gebärden
läßt sich ein Tag
wiedergeben.

Der Sinn des Lebens läßt sich
nicht durch Grübeln wecken.
Die Seele
läßt sich nicht durch Sezieren
finden.

Hiob und seine Tröster

Die Bewahrten – der Bewährte,
die Sicheren – der Erschütterte,
die Wissenden – der Fragende,
die Zuschauer – der Betroffene,
die Tröster – der Untröstbare.

Hiob leidet,
Hiob klagt verzweifelt.
Seine Freunde sagen Sprüche auf.
Sie halten lange Reden
von der heilen Welt,
von der Ordnung und so weiter.
Sie wagen es nicht zuzugeben:
»Gott ist unverständlich!«

Dem Zuspruch
fehlt der Mut
zum Widerspruch.
Hiob bekehrt sich nicht
durch das Trostgespräch
der Frommen.
Er fordert Gott heraus
und stellt Ihm Fragen.
Gott fragt ihn auf seine Weise.
Hiob kennt Gott
nicht mehr vom Hörensagen.
Er hat das
Du selbst erfahren.
Die Begegnung hat ihn
umgewandelt.

Das hilft ihm,
trotz der Leiden
zu feiern und zu tanzen.
Er weiß: Gott nimmt ihn als Gegenüber ernst.

Im Warten Wunder wirken

In Krisenzeiten:
sich töten,
den andern töten,
im Wahnsinn enden,
zwischen Friedhof,
Zuchthaus
und Gummizelle
wählen.

Oder anders sich entscheiden.
Den sibirischen Winter überleben,
ohne zu erfrieren.

Durch die Todeszone gehen,
wie Daniel in der Löwengrube liegen
und warten.

Die Auferstehung
kommt
mit der Gewißheit
eines neuen Tages.

Am Sterbebett

Im Meer ihrer Schmerzen
ist ihr Vaterunser ertrunken.
Vom Krebs befallen,
warten auf Drüben,
im einsamen Zimmer.
Warten auf Tod.

Jede Ader fragt: »Warum schon jetzt?«
Ich steh daneben
und kann nichts sagen,
als meine Hand in ihre legen
und wehrloser Zeuge der
Hoffnung sein.

Wechsel

Das Leben hat Farbe.
Es wechselt die Farbe
wie ein Alpensee.
Vom Anthrazitgrau
zum Türkisgrün, zum Pechschwarz,
zum Azurblau.
Nur der Grund bleibt
der gleiche –
hier und dort.

Ich höre beides in einem

die kurzen Flüche bei der Arbeit,
die schönen Choräle in den Abteien,
die zärtlichen Worte der Verliebten,
das Lallen der Betrunkenen,
die Lieder der Kinder,
das Stöhnen eines Verletzten,
die Freudenschreie der Jungen,
das Geflüster der Alten,
den Lärm der Straßen
und die Stille eines Kirchenschiffes –
und das alles auf ein und derselben Erde!

Hiob streitet mit seinem Gott

Was will ein Grashalm gegen einen Urwald?
Was will ein Tautropfen gegen die Nordsee?
Was bedeuten die zwanzig, sechzig oder hundert
Jahre eines Menschen
gegen die Milliarden Jahre eines Weltalls?
Was will ein Mensch mit seinem Schöpfer
über Sinn oder Unsinn
seines Leidens reden?
Bei dieser Beschränkung?

Ein Mensch,
das ist ein wenig Gestern und etwas Heute
und unendlich viel Morgen!

Im Krankenhaus

Mußte Christus nicht all das leiden,
um so in seine Herrlichkeit einzugehen?
(Lukas 24,26)

Hier wird gelitten.
Hier wird gebetet,
hier wird geflucht.
Hier wird das große Wort zu Phrase.
Hier bleibt das Trostwort in der Kehle stecken.
Hier zeigt sich,
was wirklich trägt.
Hier endet mancher Traum
und beginnt der Glaube
an Kreuzigung und Auferstehung.

Die Erinnerung

Und möchte ich endlich
die Türe abschließen,
die leidvollen Augen verdrängen,
endlich im eigenen Ich daheim sein,
um behaglich zu wohnen,
da zwängt sich der Fuß eines Bettlers
zwischen Tür und Angel
und erinnert mich an den Geringsten
meiner Brüder und Schwestern,
in dem Jesus sich diesmal
mir vorstellt.

Gott unter uns

Die Jungfrau und das Kind

Der Unbegrenzte ließ sich mit den Grenzen ein.
Ist eingegangen in unsere Maße,
in das Oben, Unten,
in das Klein und Groß,
in das Leben, in den Tod.
Es wächst in ihren engen Räumen
der Herr der Welt heran.
Der Undeutbare, Unnennbare
wächst als Leib heran im Mutterschoße.
Gott geht aus sich heraus.
Er läßt sich in den Menschen fallen.

Widerspruch sei still!
Vor der Krippe laßt uns zu Ende denken,
um anzufangen das lauschende Gebet!

Die Hirten

Sie sind erschrocken.
Sie hören, staunen.
Gehen hin nach Bethlehem.
Dort stehen sie
mit großen Augen
und mit kleiner Logik.
Sie schauen in das Kind hinein, hindurch,
so lange, bis sie den Erlöser sehen.
Sie finden ihn.
In den Windeln eingehüllt.
Den Herrn der Welt.
Was mußten sie für Augen haben!
Sie beugen sich und finden Wahrheit.
Sie bücken sich und anerkennen,
was nicht durch sie entstand,
sie schauen nicht hin und her,
sie schauen einfach tief,
ein kleines Kind,
Retter der Welt.
Sie brauchen nicht gescheite Worte.
Es war genug für Hirten,
zu stehen vor der Krippe
und gehört zu haben,
das Heil ist da.
Ihre Augen fliehen nicht ins Unsichtbare.
Sie schauen hin
und sehen alles.
Sie schauen in die Augen eines Kindes
und loben Gott für dieses Heil.
Sie tanzen heim.
Sie sind gewiß: Er ist's.

Das Wort

Aus dem Unsichtbaren
deutlichste Gestalt geworden.
Aus dem Urschweigen
herausgesprochen.
Leib von unserm Leib,
Hand von unserer Hand.
Das Wort ist Leib,
der Leib ist Geist geworden.

Von Ihm geliebt

Hände auftun und wieder schließen.
Augen auftun und wieder schließen.
In Händen ruhn eine Ewigkeit lang.
Hineinschreiten in die Tiefe der Dreieinigkeit,
mit allen Evangelien im Herzen,
gereinigt durch das Feuer des Heiligen Geistes,
Kinder des einen Vaters geworden.
Denn geboren ist Jesus Christus,
unser Bruder und Herr!

Die Engel

Sie schweben.
Sie sind nicht an die Erde gebunden.
Sie gleiten zwischen begrenzten und unbegrenzten Wesen
hin und her.
Sie nehmen Gestalt an und geben sie hin.
Sie werden zu Menschen geschickt.
Sie sagen die Botschaft und sind wieder fort.
Sie bleiben nicht hängen.
Sie sind, während wir werden.
Sie sind vor dem, der da ist, der da war und der kommt.
Sie sehen von beiden Ufern den Menschen.
Sie schicken uns Träume und Bilder.
Sie haben einen tiefen Sinn,
ein feines Gefühl für den Menschen bekommen.
Gott ist Mensch geworden.
Die Engel sind Engel geblieben.
Sie loben das Geheimnis der Tiefe
mit dem »Ehre sei Gott in der Höhe«!
Der da ist in der Tiefe des Menschen,
Er ist auch in der Höhe des Himmels.

Gott unter uns

Er blieb nicht in der Sicherheit
dreieinigen Seins,
Er hat sich mit dem Menschen verbündet,
Er wagte sich vor
in die Abgründe der menschlichen Freude,
der menschlichen Angst und menschlichen Liebe.
Dornbuschfeuer des Moses,
hinuntergebrannt vom Himmel zur Erde,
bis zur leidenschaftlichen Rede
gegen die Pharisäer.
Nun fängt die Schöpfung nochmals an.
Gott unter den Menschen.
Er hat unter uns gewohnt
und unter uns Seine Herrlichkeit ausgebreitet,
die Herrlichkeit
des einzigen Sohnes vom ewigen Vater.
So schauet den Menschen an –
öffnet die Augen!
Er ist da!
Gekommen ist mitten unter uns
der Menschensohn,
der Gottessohn!
Breitet die Arme aus –
Herrlichkeit um Herrlichkeit
in eure Arme zu schließen.
Der Mensch kann sich nicht mehr in sich selbst
verschließen.
Seine vier Wände – sind Wände auf Zeit.
Die Welt ist aufgebrochen
bis in die unendlichen Sphären.
Gott hat kein Ende.
Wo soll der Mensch enden,
wenn Gott Mensch geworden?

Der Unendliche leuchtet bald hier auf, bald dort,
wo Menschen einander
in durchdringender Klarheit bestaunen,
nicht in Gier und nicht in Berechnung.
Wo Menschen einander erahnen in ihrer
ewigen Form,
wo die Kulissen einstürzen
vor der Kraft des Du auf Du,
wo der Mensch sich und die Erde verläßt,
um im anderen Heimat zu finden.
Es beginnt die gefesselte Kreatur
das Urlied zu singen:
»Seht, mein Erlöser lebt ...«
So erhebe dich, Hiob,
steig herab vom Aschenhaufen,
du bist vom Aussatz befreit,
du bist in die Fülle gestürzt,
tanze und halte nicht still,
bis deine Gedanken verebben,
bis dein Halleluja die Toten erweckt.

Tanzlied

Tanze, Adam,
tanze, Eva,
tanze, o Mensch,
denn du bist frei!
Freigelassen von einer Schöpferhand.
Du bist an kein Schicksal geschmiedet.
Du bist an keine Dämonen gebunden.
Du bist an keine Götter gekettet.
Tanze mit deinen Blicken und Händen!
Tanze mit deiner ganzen Gestalt,
tanze wie ein Sonnenstrahl im bewegten Wasser,
tanze wie ein buntes Blatt im Herbst,
tanze unter der Kuppel des Kosmos
den Tanz eines Menschen.
Zeige in deiner Wendung
das Werden des Menschen
von der Gier bis zur Sehnsucht!
Und im Tanz wird sich Binde um Binde
von den Augen lösen,
und du wirst sehen,
wie alles zufließt
auf das eine Geheimnis.
Und du wirst so lange tanzen,
bis Himmel und Erde,
ich und du eins sind.
Du wirst mit deinem Tanz
wie ein Stein im Wasser
Ring um Ring
in Bewegung setzen.
Auf deinen Tanz wartet der Schöpfer.
Tanze, o Mensch!
Du hast allen Grund zu tanzen,
vor dir Unendlichkeiten!
Noch ist kein Ende im Ahnen,
im Schauen, im Staunen.

Noch kannst du so vieles
erleiden, erzittern,
erfassen, erfinden.
Greife aus –
du greifst ins grenzenlose All!
Bleib nicht länger
in deiner Klause,
tanze, wie Liebende tanzen:
Tanze bis in die Herzmitte
Gottes hinein!

Im Tanz erschaffen

> Der Tänzer ist ein Mensch,
> der mit seinen Händen
> weise ist.
> *(Lesbonax)*

Breitet eure Arme aus,
und bildet mit eurer Gestalt
ein leibhaftiges Kreuz!
Beginnt mit dem Tanz
jenseits der Satten und Reichen,
jenseits der Falschen und Heuchler,
jenseits der Dummen und Sturen.

Die Engel fordern euch zum Tanze auf.
Die Heiligen warten auf euch.
Sie haben eine Ewigkeit lang
ihre Tanzschuhe an.
Beginnt den kosmischen Reigen.
In eurer Mitte tanzt Er,
der Himmel und Erde
singend und tanzend erschuf.